AF422208

Tehraf
la espada al Valhalla

Chaco de la Pitoreta

Por pura presentación

Tehraf llegó en el momento más complejo de mi existencia, —me salvaste — le dije, y ella solo se limitó a mirarme y a preguntar por que le hacía esa aseveración. Después eso la vida se nos fue juntando, se volvió verso, nos hicimos hermanos, abrimos el mundo más allá de lo posible y construimos un presente que, aunque sin futuro, me permitió ser feliz al menos en lo que duró.

Este poemario es el punto de encuentro entre el desasosiego y la esperanza, entre la vida asumida y en desahucio con la vida nueva y cargada de esperanza. Surge en ese momento justo en el que no sabes para donde vas y escribir es la catarsis necesaria para resistir los envistes de la nostalgia que da de frente y sin medida. Lo escribí inspirado en esa cultura nórdica que tanto adoro y en la cual encontré, en mis días de oscuridad, muchos destellos de luz para hacerme camino. Pero, además, Tehraf se volvió imprescindible, como la Valkiria que es, en cada uno de esos momentos.

Tehraf es el amor en su expresión más simple y pura, por eso el poemario es de amor y desprecio, de ternura y dolor; de soledad y antojos, de límites y libertades… de contradicciones. Es así porque el amor no es de otra manera, porque la voz del corazón no siempre es igual y porque a menudo escucharlo no es un acto que todos hagamos. Es así porque en su manera más simple me permite pensar a esa Valkiria que vino y se fue con la misma intensidad de quien se queda para siempre.

Es un poemario sin propósito ni conveniencias, solo un poemario. Pero si es de amor en toda la expresión pues con el tiempo he aprendido a amar lo que tengo, amar lo que otros tienen y sobre toto amar lo que puede ser compartido.

Tehraf ha de saber que escribí para ella, que es mi Valkiria, mi espada, mi escudo, mi armadura, el camino al amor de Odín, la ruta al Valhalla, mi eternidad. Ella no leerá nunca estos poemas, pero los poemas la enunciaran eternamente y quien los lea sabrá que acá, en alguna parte de esta tierra hondureña, donde hay un acantilado sin mar y unos fiordos sin agua, un vikingo desterrado del tiempo y su geografía le escribió para toda la vida versos de amor que no tienen contrapartida.

El autor

Chaco de la Pitoreta

Plan

Al sonido del cuerno
disparen las flechas
que rompan el viento
y se abran camino entre las corazas.

Que los escudos no les detengan
corran con alegría
el Valhalla no es castigo
es un honor que nos espera.

Que el choque del metal
sea una orquesta de espadas
y que en los cantos de muerte
emerja la vida.

Adelante
unos pasos más allá
de esa horda de enemigos
y el mar tempestuoso
Odin, el más grande nos espera
y con él las valkirias
aguardando por el abrazo.

Mi lado nórdico

Tiene una espada
un escudo de madera sólida
y un perro.

Tiene caderas perfectas y labios antojables…

Es, por ende, infalible
invencible en batalla
insuperable en la cama
y además tiene un perro.

Ojos de mar
a veces en calma, otrora tormenta…

Mi lado nórdico
tiene una valkiria que llamo Tahref
que sabe de espadas y batallas
de escudos que protegen el asecho
e impiden las fugas
de mascotas que acarician
que muerden y lamen.

A menudo Tehraf se va a la guerra
encuentra otros amores
los abraza y besa
sin remordimientos
pues ella sabe que yo soy su perro
y la espero.

Pacto

Tehraf y yo hicimos un trato
iríamos a la guerra juntos
hasta que el Valhalla nos reclamara
o alguno de nosotros lo dispusiera.

Hace un par de lunas
en el cielo nórdico de este acantilado
tu luna ha dejado de brillar.

Que nos quitaríamos la ropa
con el mismo ímpetu que desenvainamos la espada
doblegaríamos las triadas
someteríamos a los fantasmas
y defenderíamos nuestra barricada.

Y sin embardo
de un tiempo acá
he visto el escudo en la pared
y la espada suda miserable dentro la vaina

Tahref y yo hicimos un trato
y aunque el Valhalla parece distante
ella eligió batallas individuales
y mi espada
aunque ganosa de guerras
honrará lo pactado
y escribirá sus memorias.

Encallado

Hoy mi drakkar no encallará en puerto
un banco de arena
entre olas en estampida
ha frenado su paso.

En la popa
el timón engarrotó sus movimientos
y la brújula que me llevaría con vos
desdibujó sus manecillas.

Mis hombres me ven angustiados
ya no soy para ellos el aguerrido navegante
derribando retos en mares imposibles.

Perdido en el horizonte
contemplo el banco que nos detiene
y con la mano descargada en el palo mayor
titubeo en el tiempo
y mis guerreros se angustian
quieren saltar
pero son leales a mi orden
aunque eso los mate en la obediencia.

Se que Odín me salvará de la muerte
mis hombres del naufragio casi inminente
pero quien de tu ausencia…

Entonces levantó la mirada
grito
y al unísono los remos se mueven
elevan el dakkar de la superficie arenosa
y pequeñas valkirias
entre ellas vos, Tehraf
amores de la eternidad
vienen a mi auxilio
me salvan del encalle
aunque más allá me esperan olas angustiantes
hordas de bestias inexplicables
y amores tan asesinos
como las espadas de mis enemigos.

Acróstico de fin de momento

Toloa adentro hay un amor
Encarnado y doloroso
Herido de muerte…
Rompe mi mundo
Abraza mi muerte y
Facilita mi adiós definitivo.

Herida de muerte

Revolcado de lodo
a sangre y tierra huelo…

La vida se escapa
lenta y dolorosa
por las heridas
mas yo
me aferró a la espada
al intento
y reclamo más tiempo al Valhalla.

Un arco se levanta
y la afilada flecha me apunta…

Apenas y mirando
esquirlas de lodo se caen
cuando muevo el intento
y el filo de la espada corta el viento
y desvía la flecha
solo rasga mi costado.

Un nuevo gemido de muerte
me desgarra…

Pero en su entonación volvés vos
mi Tehraf
con tus gemidos de vida
de entrega desmedida
de estocadas que resucitan muertos
y me levanto
blando la espada
y el barro de sangre y tierra
con olor a muerte
se endura
y puedo volver a luchar
desde el afán de tu recuerdo
y la nostalgia de un momento.

La espada al Valhalla

Tehraf es la espada
mi camino al Valhalla.

En ella se escriben los canticos
nórdicas tonadas
que en este lado de América
son eco de los días aquellos.

Es la valkiria que guía el destino.

En la punta del metal
y el filo de sus costados
he de encontrar el honor
con el cual emprender mi camino.

Dejen sobre mi pecho
la tinta que escribe
y el papel que se entrega
para que cuando ella venga por mí
dicte las historias
y me mantenga en la memoria.

Agotado

Hoy no hay fuerza
la espada se escurre de mi mano
y el escudo que debe protegerme
es una carga insoportable.

La batalla ha sido extenuante
Odín, al otro lado del mar
da vítores a los caídos
y espera que el drakkar de la eternidad
les conduzca al Valhalla.

De rodillas lo intento
rendirse no es opción…

En el flanco del risco
junto al acantilado más pronunciado
por donde menos imaginamos
vino la arremetida.

Si he de salir de esta
si Odín aún no reclama mi presencia a su lado
habré aprendido la lección
no hay flanco seguro
si la estrategia de la guerra
no es bien definida.

Si al menos mi valkiria
si al menos Tehraf…

Rendido sobre el barro

la huella dactilar de mis manos
se forma en el barro sobre la cara
el olor a sangre impera
los cuerpos se tocan sin intención de guerra
por fin en paz
pero sin erecciones para hacer el amor
no hay éxito
si se respira derrota…

Mi espada es lo único vertical
en este mundo de cuerpos inertes
o sin esperanza.

Un poco antes el ruido
producto del choque del metal y madera
fue alegoría a la muerte
y los tambores sin eco
de los escudos esparcidos
son destrozos acumulados
de un momento aniquilado.

Esos ojos encendidos ayer por la pasión
hoy son brasas casi extintas
y la empuñadura antigua
herencia milenaria del primer guerrero
hoy se inclina al costado de la vida
justo donde la muerte espera
y la soledad llama
donde se escapa el aliento
y se olvidan los momentos.

Un poco más

Aún queda una batalla
Odín esperáme un poco
el mar tempestuoso
donde flota mi dakkar
no puede tragarme todavía.

En la profundidad de este acantilado
brilla incipiente un sol
que endura el barro
y seca las heridas
de mi mano lacerada.

Odín esperáme un poco más…

Daré mi última batalla
levantaré la espada
desafiaré el destino
y haré que los credos
invasores de tu espacio
retrocedan sin tregua.

Después dejame ir a vos
al gran salón
para escuchar las historias de aquellos
a los que quise emular
en esta vida de guerras perdidas
y batallas ganadas.

Sin excusa

Ella lo sabía
sabía que moriría por ella
que me entregaba sin preguntas
al mar tempestuoso
que se traga la vida.

Yo sabía
siempre supe que sería el metal frío de su espada
el que desgarraría mi carne
el que ahogaría mi alma.

Ella planeó cada momento
y yo acepte cada cruzada…

Yo sabía que la flecha
no venía del horizonte
ni la empujaba el arco del destino
pero sí que estaba puesta en mi camino.

Ella me había elegido
su nombre, Tehraf,
venía escrito en el dorso de su espada
y cuando lo leí
tatuó mi pupila
se robó el iris del acantilado
con el que reflejo mi ruta al Valhalla.

El cuerno

Ha vuelto a sonar el cuerno
el llamado que el guerrero espera.

Las espadas hacen ruidos
al dejar la vaina
ahora sujetas de la empuñadura.

Al frente
en fila
los cuerpos sudorosos del enemigo
esperan el metal frio de mi empuñadura.

Es su fin
o el mío…

El cuerno que suena ahora anuncia la guerra
y el guerrero lo sabe.

En un rato ha de sonar otro canto
el cuerno de Odín
anunciando los que con él se van
al salón sin fin.

Tehraf

valkiria mía
respira hondo
dejame ir profundo.

Que esta daga
vocera designada del amor
llegue a los confines de tu alma
polule la vida
y los herederos del hierro, lodo y sangre
lleven de vos la mística presencia
y de mí la terrorífica subsistencia.

Que me alcance la muerte
abrazado por tus piernas
que me llame Odín
con los sonidos de tus labios
que sea tu espada
quien condena mi suerte
que sea este lodo
el germen de la existencia.

Tehraf
guerrera inmortal
de mares infinitos
dejame ir profundo en vos
Valkiria mía.

Rompe

Desgarra mi armadura Tehraf
ya no hay nada que ocultar.

Odín sabe que te amo
y el Valhalla entero
canta mis desgracias
ante lo imposible de nuestros tiempos.

El dakkar sobre mares muertos
es un fantasma del amor
que se disipa en la neblina
de los millones de suspiros contenidos
en los días de gloria y muerte.

Ya no me queda soledad
se me va con la vida…

Alza el brazo
empuña la espada
y clávala
en mi ayer se quedará tu nombre
en mi hoy esta mirada
y en el camino a los salones eternos
la eternidad jurada
por este amor entumecido
será canción par la guerra
y tambor para las glorias.

De este lado de la eternidad

Hay en el horizonte atisbos de neblina
y se escucha a lo lejos
un choque de hierro y maderas.

Tehraf habla con Odín
en la piedra de la eternidad
y yo me sostengo
irremediablemente
de este lado de la muerte
deseando estar con ellos.

El lodo merma
huesos rotos enraízan
les brotan hojas
y los campos agrestes
se transforman.

El árbol de la vida emerge entre escombros de muerte...

Tehraf habla con Odín y me mira
los ojos se encuentran
espero su llamada.

Pero ella dice que no es tiempo
que la neblina sigue impidiendo el camino
que el enemigo acecha
y el gran señor apremia de mis manos
de mi escudo
la espada
que mis labios y los suyos
siguen inmortales al beso
pero en tiempos de espera.

El momento

Odín ha hablado
Tehraf, amor mío
el camino al Valhalla esta señalado.

El mar es negro
cuando la noche es larga
y las estrella pispilean.

El gran señor dejó oír su voz
y en la palabra pronunciada
el nórdico acento de la eternidad
anuncia mi momento
el tiempo de abrazar la gloria.

Hay playas de arena
que cantan tu nombre, Tehraf
y yo escucho tu llamado.

Odín espera por mí
y yo espero por vos
por tus abrazos de lodo
de tierra y sangre
de hierro y madera
de gemidos
de vida
de muerte…

Tehraf, amor mío
hoy inicia la eternidad
con vos.

Noches sin sueño

Luna mía
hogar infinito del amor nocturno
sos la batalla pendiente
el beso lejano de mi Valkiria
la soledad de la espera
el vacío de mi todo.

Ayúdame a llegar al Valhalla
al punto de encuentro
donde la espada y la madera suenan
el barro huele a sangre
y la vida es un suspiro.

Terhaf dueña mis días eternos
y las noches oscuras
vos que sos la punta de la espada
el corazón del escudo
emerge en el brillo de esa luna
y abraza mi anhelo
mientras viva mi último anhelo.

Hazlo ahora que sigue el brillo lunar
antes que la nube
nos niegue nuevamente la presencia.

Arráncame

29

A tirones lo que me queda de vos
esta piel que te extraña
estas manos que matan
esta vida que muere
esta muerte que se posterga.

Arráncame
el escudo del brazo
la espada de la muñeca
el jarro de la cerveza
el olor a sangre
la sed de venganza
la paz sin esperanza.

Arráncame del amor de Odín
del Valhalla como destino
de las rutas marinas
de las batallas mortales
de los fiordos profundos
del camino a tus brazos.

Arrancáme…
¡oh!
Tehraf de mi vida
esta vida que sin vos no es
esta espada que sin vos no lucha
este escudo que no te protege
esta eternidad que sin vos se acaba
el Valhalla que sin tu presencia
será mi cárcel
mi condena
arrancáme.

Fin

Ha caído la noche
y una gota de luz viaja intermitente
por las sendas de Odín
al estrado de los guerreros.

Ya nada importa
Tehraf, amor mío
ya nada importa…

Recojo la moldura
mi escudo de mil batallas
la espada ensangrentada
el casco de cuernos
y la sigo.

La muerte me ha llamado a la eternidad…

Ahora en el silencio oscuro
me voy siguiendo la luz
a tu encuentro
quien sabe, Tehraf mía,
si hemos de encontrarnos en eso eterno
quien sabe, Tehraf mía,
si Odín ha de permitírnoslo
quien sabe, Tehraf mía…

Quien sabe…

Tehraf
la espada al Valhalla

Chaco de la Pitoreta
2022

maquetación
Héctor Flores (Chaco de la Pitoreta)

diseño
Héctor Flores (Chaco de la Pitoreta)

portada y contraportada
Héctor Flores (Chaco de la Pitoreta)

www.ingramcontent.com/pod-product-compliance
Lightning Source LLC
Chambersburg PA
CBHW020120180726
47992CB00019B/1416

9798370099670